VORWORT

Beeindruckende Landschaften, bunte Großstädte oder ein kleiner Campingplatz am See: Einer Reise mit dem kultigen VW-Bulli sind keine Grenzen gesetzt. Hat man für einen Tag genug gesehen, gönnt man sich einfach eine Auszeit und lässt die Seele beim gemütlichen Campieren baumeln. Und für alle, die leider keinen Bulli haben oder denen die Zeit für eine Reise fehlt, bietet dieses Buch die perfekte Alternative! Folge dem Bulli in 42 wunderschönen Ausmalbildern um die Welt - frei nach dem Motto: „Home is where my Bulli is!" Ob exotisches Panorama oder entspannte Pause: Jedes Motiv lädt zu einer fantasievollen Auszeit vom Alltag ein. Neben den Ausmalbildern findest du liebevoll ausgewählte Sprüche zum Reisen und unterhaltsame Fakten über das Kultfahrzeug. Der Anleitungsteil auf den ersten 10 Seiten gibt Informationen und Tipps, wie du deine Bilder am effektvollsten gestaltest. Lass dich hier zu noch eindrucksvolleren Bildern inspirieren, aber vergiss dabei nicht, deiner Fantasie freien Lauf zu lassen. Denn Ausmalen soll in erster Linie Spaß machen!

FARBSTIFTE

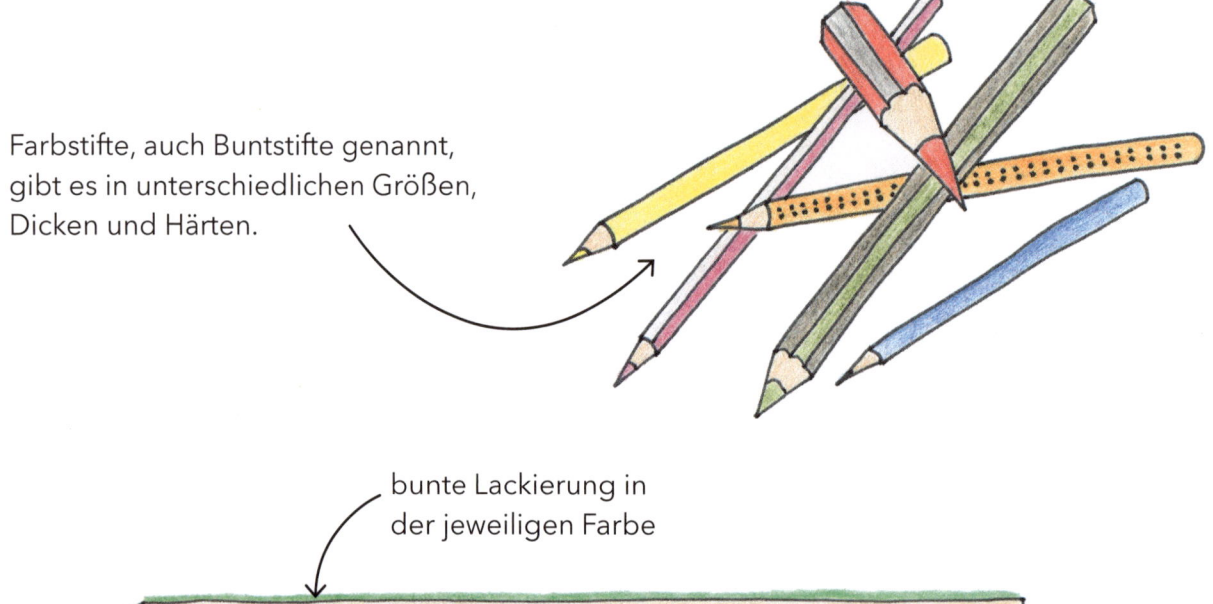

Farbstifte, auch Buntstifte genannt, gibt es in unterschiedlichen Größen, Dicken und Härten.

bunte Lackierung in der jeweiligen Farbe

Die Farbmine sollte mittig liegen, damit sich der Stift gleichmäßig spitzen lässt

Holz

Die Pigmente, aus denen die Farbmine hergestellt wird, werden aus Tonerde, Metallen, Pflanzen, Gestein oder synthetisch gewonnen.

Mit Fett, Ton, Wachs, Talkum und verschiedenen Bindemitteln vermischt, wird die Masse anschließend gepresst und getrocknet.

AQUARELLSTIFTE

Aquarellstifte sehen wie Farbstifte aus …

… lassen sich jedoch mit Wasser und Pinsel vermalen.

1. Erst wie mit einem Farbstift malen.

2. Dann mit Pinsel und Wasser vermalen.

mittlerer Pinsel für Flächen

feine Spitze für Details

Mit wenig Wasser bleibt die Farbe dunkel & kräftig.

Mit viel Wasser wird die Farbe heller & zarter.

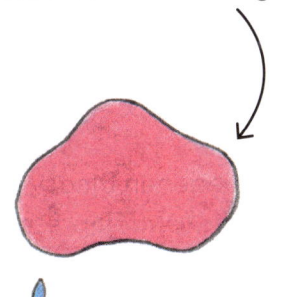

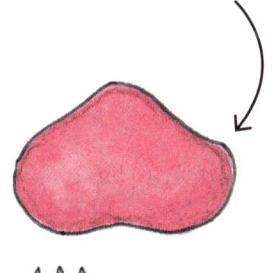

TIPP: Aquarell wird von hell nach dunkel gemalt. Weiße Stellen werden einfach leer gelassen. Es lohnt sich also, zu Beginn Schatten- und Lichtseiten zu definieren.

KRÄFTIG & ZART

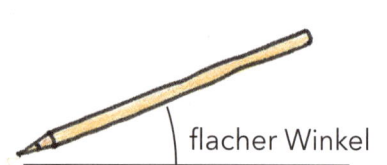

flacher Winkel

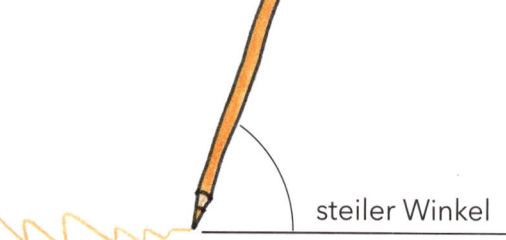

steiler Winkel

Flacher Winkel

Bei einem flachen Winkel
ist weniger Druck möglich.
Die Farbe ist heller.

Steiler Winkel

Bei einem steilen Winkel kann
mehr Druck ausgeübt werden.
Die Farbe wird kräftiger.

Mit zunehmendem Druck
wird die Farbe kräftiger.

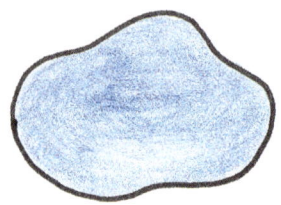
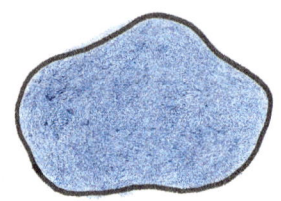
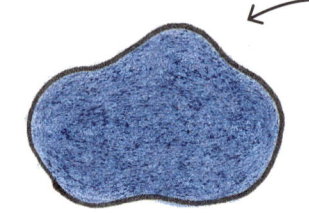

Wenn du mit sanftem
Druck mehrere Schichten
übereinander malst,
erhältst du mehr Tiefe.

TIPP: Je weiter vorne du den Stift hältst, desto
leichter kannst du feine Details malen.

VON TRANSPARENT BIS DECKEND

Trage die Farbe anfangs transparent auf.

Schicht für Schicht …

… gewinnt die Farbe …

Mit einer harten Mine gelingen auch kleine Details.

… an Intensität.

Mit weichen Minen gelingt ein gleichmäßiger Farbauftrag, dafür werden sie schnell stumpf.

Zum Nachziehen von Konturen sind Stifte mit harter Mine ideal.

PRIMÄR- UND SEKUNDÄRFARBEN

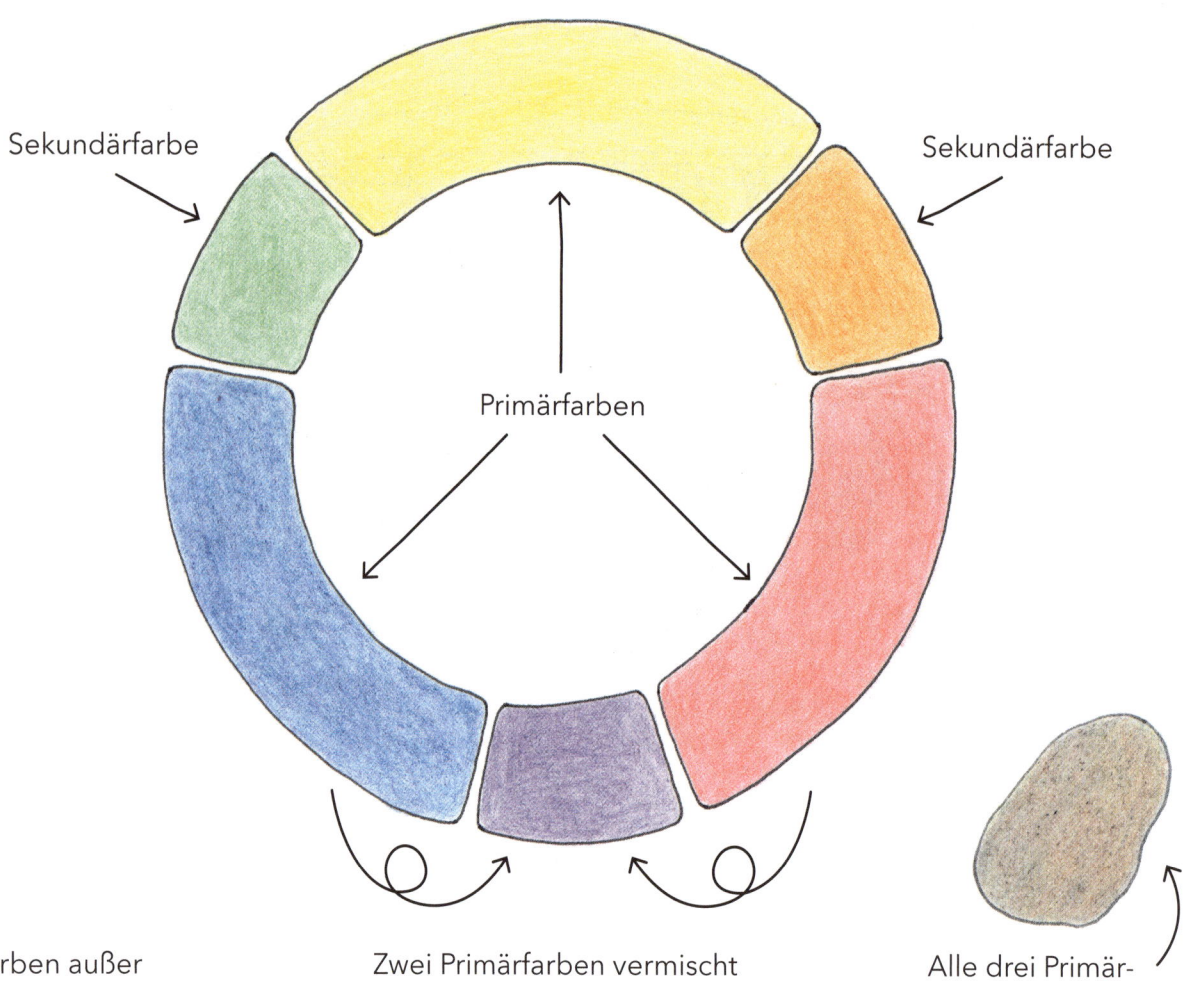

Sekundärfarbe

Sekundärfarbe

Primärfarben

Alle Farben außer
Schwarz, Weiß und
Erdtöne lassen sich
aus den Primärfarben
mischen.

Zwei Primärfarben vermischt
ergeben eine Sekundärfarbe.

Alle drei Primär-
farben vermischt
ergeben ein
dunkles Grau.

KOMPLEMENTÄRFARBEN

Farben, die sich im Farbkreis gegenüberstehen, nennt man Komplementärfarben.

TIPP: Direkt nebeneinander ergeben Komplementärfarben einen Farbkontrast. Das wirkt z.B. belebend.

Der Komplementärkontrast ist der stärkste Farbkontrast.

Rot & Grün

Gelb & Lila

Orange & Blau

TIPP: Für ein harmonisches Bild mischst du die Farben am besten im Verhältnis 1:3.

FARBEN ÜBEREINANDERLEGEN

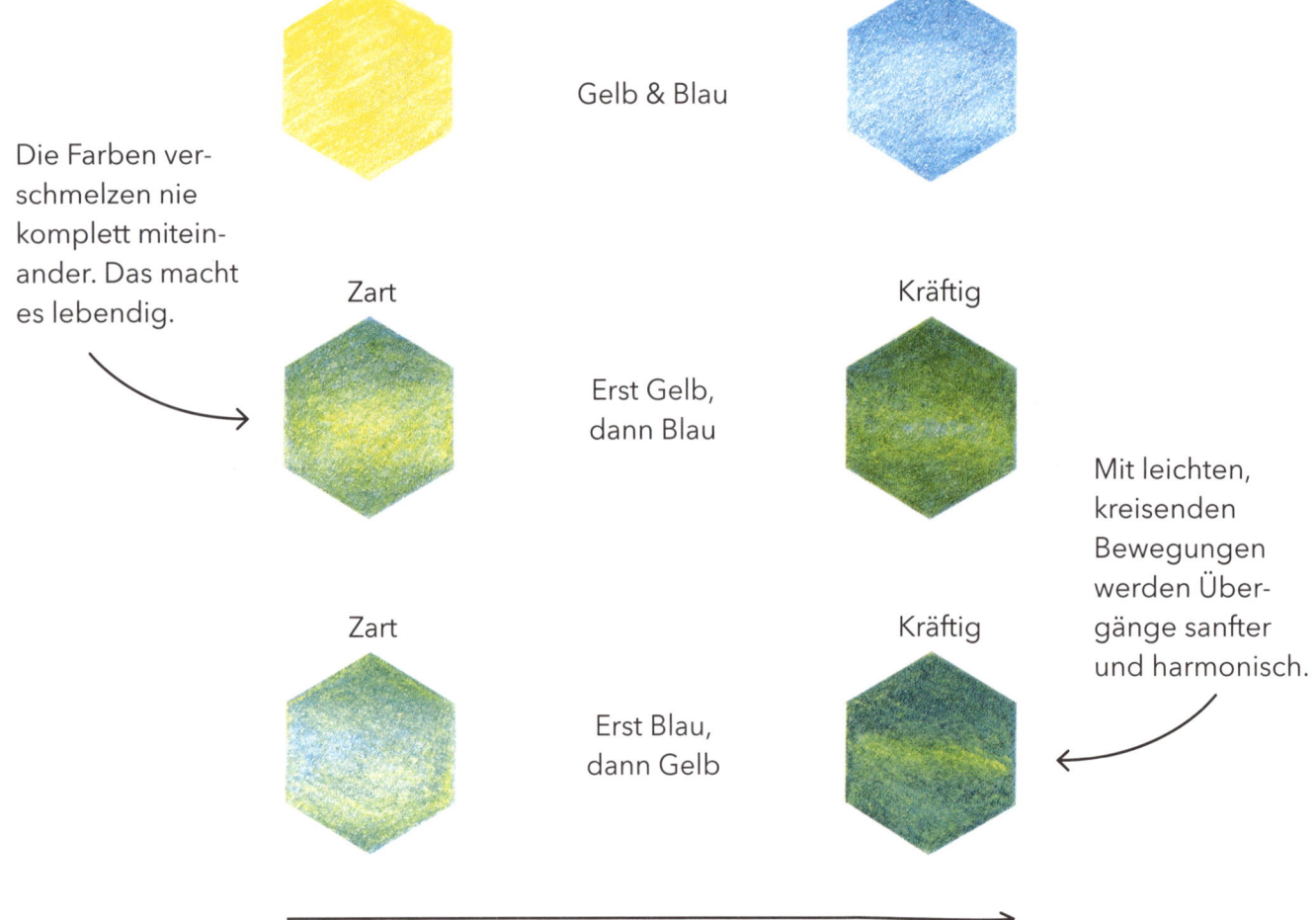

Gelb & Blau

Die Farben verschmelzen nie komplett miteinander. Das macht es lebendig.

Zart

Kräftig

Erst Gelb,
dann Blau

Mit leichten, kreisenden Bewegungen werden Übergänge sanfter und harmonisch.

Zart

Kräftig

Erst Blau,
dann Gelb

Arbeite am besten von hell (sanft) nach dunkel (kräftig).

WARME & KALTE FARBEN

Warm

Kalte Farben
wirken ruhig
und distanziert.

Warme Farben
wirken lebendig
und anregend.

Kalt

Kalte Farben lassen sich „aufwärmen".

 kalte Farbe auftragen

 warme Farbe leicht
darüber arbeiten

Ebenso lassen sich warme Farben „abkühlen".

 warme Farbe auftragen

 kalte Farbe leicht
darüber arbeiten

BILDTIEFE & DREIDIMENSIONALITÄT

Licht und Schatten machen ein Motiv plastisch und lebendig.

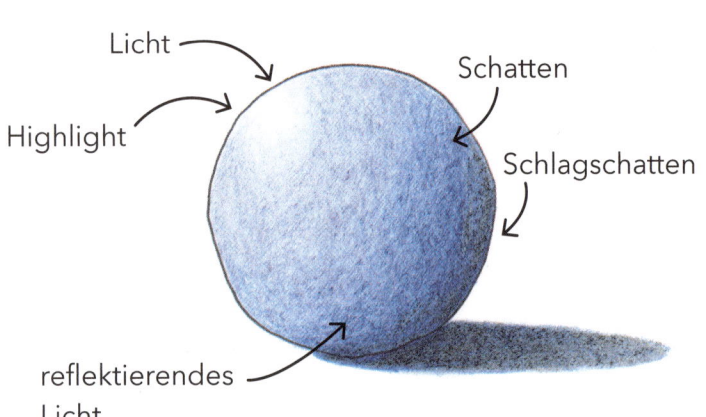

Licht

Highlight

Schatten

Schlagschatten

reflektierendes
Licht

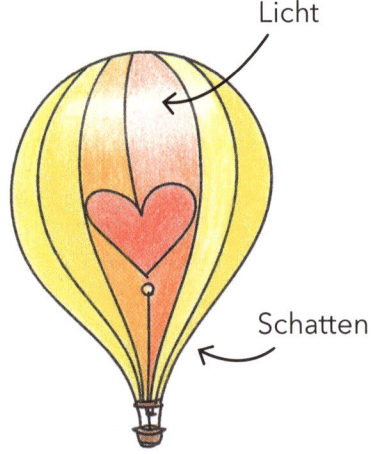

Licht

Schatten

GLANZLICHTER

Glanzlichter machen ein
Bild lebendiger und heller.

Sobald ein Objekt im Licht
ist, gibt es Lichtreflexionen,
also kleine, helle Stellen.

POLIEREN

Durch das Polieren werden die Farbflächen glatt und gleichmäßig. Es gibt verschiedene Werkzeuge, die sich als Hilfsmittel eignen. Hier eine Übersicht:

Farbloser Polierstift
Intensiver Glanz

Weißer Farbstift
Heller, pastelliger
Farbton

Papierwischer
Gezieltes Ver-
wischen möglich

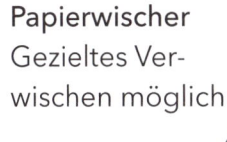

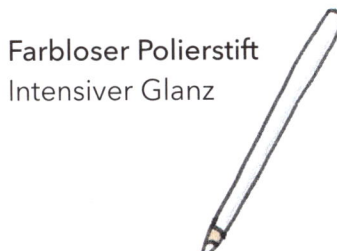

1. Ausmalen,
   Glanzlichter
   weiß lassen.

2. Polieren, verwischte
   Stellen säubern und
   zum Schluss Ränder
   nachziehen.

DEKORATIVE EFFEKTE

Mit Buntstiften kann man noch viele
weitere Effekte erzielen, die nicht
immer realistisch sein müssen.

Hier wurde mit verschiedenen
Farben und zarten Übergängen
gespielt.

EINE *Reise* VON TAUSEND *Meilen* BEGINNT MIT DEM *ersten Schritt.*

LAOTSE

COLORFUL FACT

Der erste Prototyp des Bulli wurde
1948 gebaut, 1950 begann die
Serienfertigung.

EINE *lange Strasse*

IST ES, DIE ZUR *Klarheit*

FÜHRT. SIEGFRIED BRUNN

Je ÖFTER DU FRAGST,

WIE weit DU ZU GEHEN HAST,

DESTO länger ERSCHEINT DIR DIE REISE.

AUS AUSTRALIEN

WOHIN DU AUCH *gehst,*
GEHE MIT *ganzem*
Herzen.

KONFUZIUS

COLORFUL FACT

Der klassische Bulli ist der VW-Bus
Modell T1. Es gibt aber noch
sechs weitere Baureihen.

COLORFUL FACT

Sonderausführungen des Bullis
werden sehr geschätzt und erzielen
teils sechsstellige Verkaufspreise.

Reisen ist tödlich für Vorurteile.

MARK TWAIN

MÖGE DIE *Strasse,*

DIE DU GEHST,

MIT DEINEN *freundlichen*

Worten GEPFLASTERT SEIN.

ALTIRISCHER SEGENSWUNSCH

COLORFUL FACT

Die Idee für den Bulli wird dem
Niederländer Bernardus Marinus
„Ben" Pon zugeschrieben.

DER Weg IST DAS Ziel.

KONFUZIUS

Liebe IST KEIN ZIEL;

SIE IST NUR EIN *Reisen.*

D. H. LAWRENCE

MAN MUSS DAS *Glück* *unterwegs* SUCHEN, NICHT AM ZIEL, DA IST DIE *Reise* ZU ENDE.

DEUTSCHES SPRICHWORT

COLORFUL FACT

Der Absatz des Bullis war nach seiner
Einführung so erfolgreich, dass die
Produktion 1956 nach Hannover in
das neue VW-Werk verlegt wurde.

DIE *beste* BILDUNG

FINDET EIN GESCHEITER *Mensch*

AUF *Reisen.*

JOHANN WOLFGANG VON GOETHE

COLORFUL FACT

Auch in Brasilien wurden Bullis
produziert, allerdings mit leicht
abweichender Ausstattung.

Wir sollten uns weniger *bemühen*, den *Weg* für unsere *Kinder* vorzubereiten, als unsere Kinder für den *Weg*.

AUS DEN USA

DAS *Reisen* DIENT IN *jüngeren* *Jahren* DER ERZIEHUNG, IN *reiferen* DER ERFAHRUNG.

FRANCIS BACON

Was ist Reisen? Ein Ortswechsel? Keineswegs! Beim Reisen wechselt man seine Meinungen und Vorurteile.

ANATOLE FRANCE

COLORFUL FACT

Den Bulli gibt es auch als Kombi,
Kastenwagen und Kleinbus.

Verbesserung MACHT DIE Strasse GERADE, ABER DIE UNVERBESSERTEN, krummen Strassen SIND DIE DES Genies.

WILLIAM BLAKE

COLORFUL FACT

Im Animationsfilm „Cars" von 2006
spielt ein VW-Bus die Rolle des
Hippies Fillmore.

COLORFUL FACT

Der Fahrzeughersteller Westfalia baute
für den Bulli eine herausnehmbare
Campingbox, mit der man den Bus für
eine Wochenendreise ausstatten konnte.

WER DIE *Enge* SEINER *Heimat* ERMESSEN WILL, *reise.* WER DIE *Enge* SEINER *Zeit* ERMESSEN WILL, STUDIERE *Geschichte.*

KURT TUCHOLSKY

ÄRGERE DICH NICHT
ÜBER DIE *Schlaglöcher*
IN DER STRASSE,
SONDERN *geniesse* DIE REISE!

UNBEKANNT

Je schlechter die *Strasse,*
desto *schöner*
die *Gegend,*

AUS ENGLAND

COLORFUL FACT

Wie der Name „Bulli" zustande kam,
ist nicht ganz sicher. Möglicherweise
sollte er eine Beschreibung der bulligen
Form oder eine Mischung aus Bus und
Lieferwagen sein.

COLORFUL FACT

Den Bulli gibt es auch in einer
Ausführung für den Linksverkehr.

Nur Reisen ist *Leben,*
wie umgekehrt *Reisen*
das *Leben* ist.

JEAN PAUL

WER *reist* IM *Flug,* DER WIRD NICHT *klug.*

SPRICHWORT AUS FINNLAND

Jede *Strasse* führt ans *End* der *Welt.*

FRIEDRICH VON SCHILLER

COLORFUL FACT

Die Herstellung des klassischen
Bullis endete 1967.

COLORFUL FACT

Zur Bauzeit des Bullis war VW
Marktführer und galt als Symbol
des deutschen Wirtschaftswunders.

WER KEIN *festes Ziel* HAT,

KANN SICH NICHT *verlaufen.*

UNBEKANNT

COLORFUL FACT

Bunt bemalt war der Bulli
in den 1960ern und 1970ern ein
beliebtes Auto bei Hippies.

Nur auf's *Ziel zu sehn* verdirbt die Lust am *Reisen.*

FRIEDRICH RÜCKERT

COLORFUL FACT

Den Bulli gibt es in unterschiedlichsten
Ausführungen, etwa als Krankenwagen
oder mit Campingausstattung.

EIN *Gespräch*

AUF EINER *Reise* IST SO GUT

WIE EIN *Fuhrwerk.*

VON DEN TAMILEN

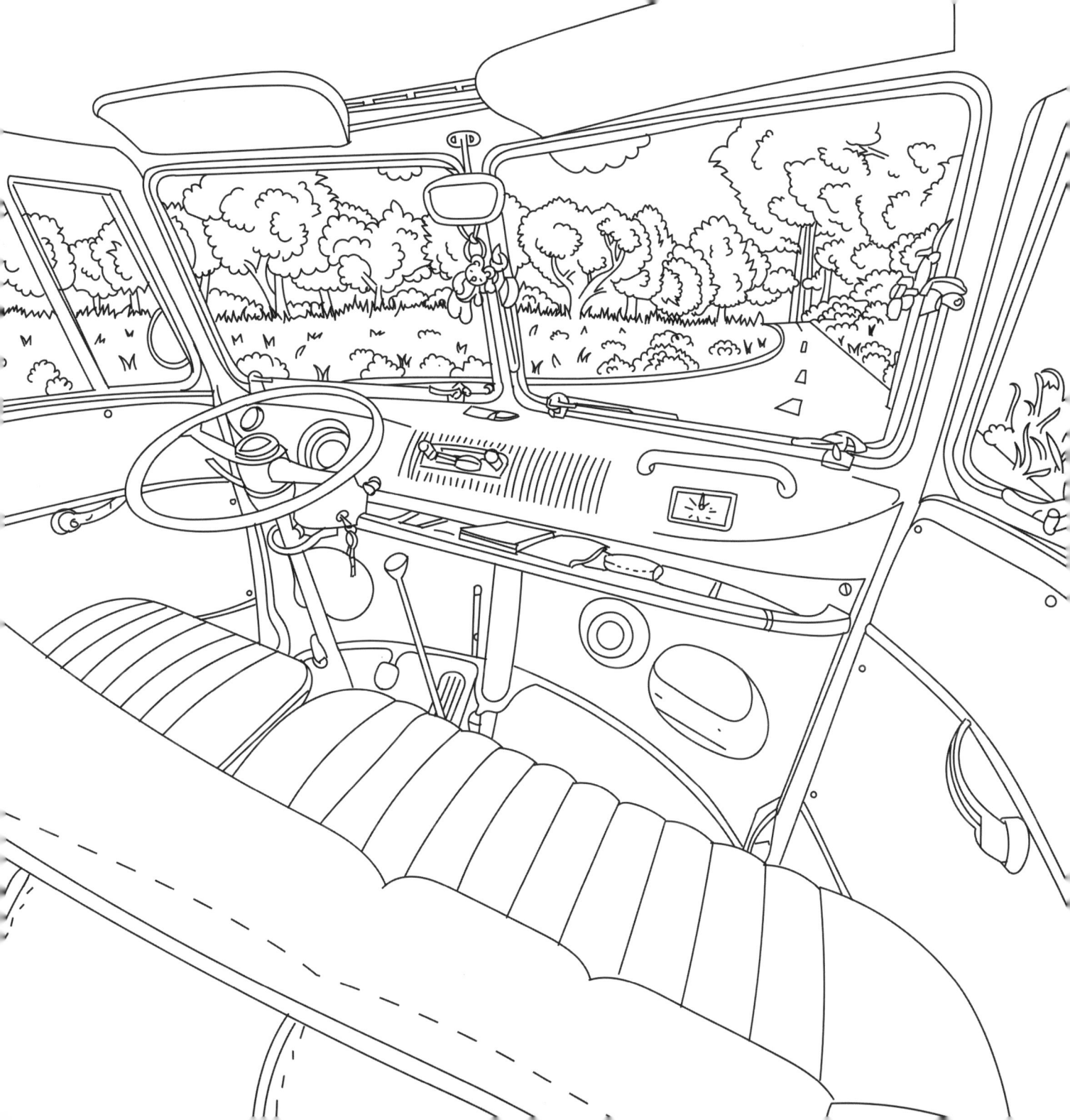

Ich reise *niemals* ohne mein *Tagebuch.* Man sollte immer etwas *Aufregendes* zu *lesen* bei sich haben.

OSCAR WILDE

COLORFUL FACT

Der Bulli war eines der ersten Reise-
mobile, quasi der Vorgänger des
heutigen Wohnwagens.

COLORFUL FACT

Das weltweit größte VW-Bus-Treffen
findet jährlich auf dem Three Counties
Showground in England statt.

Nicht in die *Ferne,*
in die *Tiefe* sollst du reisen.

RALPH WALDO EMERSON

IMPRESSUM

Illustrationen: Tannaz Afschar
Produktmanagement und Lektorat: Seline Gwinn
Cover: Eva Hook
Herstellung: Jessica Siebert
Satz: tebitron gmbh, Gerlingen
Druck und Bindung: Drukarnia Interak Sp. z o.o.

3. Auflage 2023
© 2023 frechverlag GmbH, Dieselstr. 5, 70839 Gerlingen, einem Unternehmen der Penguin Random House Verlagsgruppe GmbH, München
ISBN: 978-3-7358-8005-5 Best.-Nr. 28005

MIX
Papier aus verantwor-
tungsvollen Quellen
FSC® C015559
FSC
www.fsc.org

Penguin Random House
Verlagsgruppe
FSC® N001967